筋肉がよろこぶ
レシピ BOOK

長谷川北斗

アスコム

Prologue

簡単、毎日、続けられる

　こんにちは。東京都港区西麻布にあるビストロ「グルマンディーズ」の
オーナーシェフ、長谷川北斗と申します。

　小さな赤い看板が目印の「グルマンディーズ」。2003年にパリへ渡り
6年間修業し、帰国後の2015年にオープンしたビストロです。店内は
13席ほどの大きさ。一日一回転のみで営業し、日本一予約のとれない
ビストロと言われるようになりました。メニューはたったひとつのコース。
通年ほとんど変わることはありません。そんな料理の調理、提供、接客
まで、すべてを自分一人で行っています。

　この本は、身体づくりがきっかけの高タンパク質な食材を使用し、一緒
に食卓を囲む愛するパートナーへ捧げたプライベートレシピをまとめまし
た。使用しているのはスーパーで手に入る食材で、誰もが気軽に作れる
レシピばかりです。「グルマンディーズ」のようにこだわった食材や調理法
ではないですが、"続けること"を大切にしている点で通じ合っています。

　健康的で美しい心身は、日々の積み重ねで出来上がります。毎日の
食事は、栄養バランスを考えつつ、良質なタンパク質を摂ることを意識。
特にこの本では、鶏むね肉・卵・豆腐・ブロッコリー・魚介の5つの食
材をメインにメニューを構成しました。

　この本のレシピはみなさんの自宅にあるコンロと鍋とフライパンで始め
ることができ、どこでも買える食材で作り続けることができます。そして、
みなさんがどんどんこのレシピをおいしく作り変えていってください。た
くさんの「筋肉がよろこぶレシピBOOK」ができることを心から楽しみに
しています。

高タンパクに目覚めたきっかけ
The reason I woke up to high protein

努力した分だけ結果が
目に見える筋トレを始めて

　身体を鍛え始めたのは約10年前。経営者となり、どれだけ努力しても報われないという壁に初めて直面しました。周りを見ると、努力しているのに潰れてしまうお店は少なくない。結果が伴わないのが経営であることを痛感しました。その一方、筋トレはやったらやった分だけの結果が必ず身体に表れます。いくらでも自分に甘くすることもできますが、追い込もうと思えばいくらでも過酷にできます。すべては自分次第で変わります。

　料理も同じで、裏での仕込みなど手を抜こうと思えばいくらでも抜くことができます。でも、お客様のために時間がなくても納得できないならやり直すとか、ちゃんと自分を律してそういう方向性に持っていける力は、自分のために頑張るという点で筋トレと共通していました。

気持ちから若く健康的でいるために

　30代になったとき、何気なく床に落ちている
物を拾ったり、名前を呼ばれて顔を上げる際に
痛みを感じたり、お腹にのった脂肪が落ちなく
なったり、それまでは気にならなかった身体の
痛みや感じることのなかった身体の変化がありま
した。それは身体を鍛え始めたことでだいぶ改
善されたものの、身体をつくるのに一番大事な
のはやっぱり食べ物だと改めて気がつきました。

　僕が通うジムで毎日顔を合わせる方がいたの
ですが、その方は「鍛えても身体が変化しない」
と言っていました。話を聞くと、「食べたいとき

に食べたいものを摂るという食生活をしている」
と。でも本当は、筋トレをしながら食生活を変
えないと身体って変わらないんです。

　僕も筋トレを始めたときから食生活をタンパク
質中心に変えていきました。最初のうちは「この
日は好きなものを食べる」と決めて徐々に。今で
は高タンパク質な食事がベースになっています。

　身体づくりはまず食べ物からだと思っています。
絞りたい、健康的になりたいと思うなら、タンパ
ク質を多めの食事に変えてみる。それだけで身
体は絶対に変わります。その変化が楽しくなり、
ちょっと筋トレへ行ってみようかなんて、重い腰
が上がったらこっちのものです！

Contents

Chicken
鶏むね肉

Egg
卵

Tofu
豆腐

アイコンの見方

各レシピに入った丸アイコンは、上段にタンパク質量・
下段にカロリーを記載しております。

$$\frac{00.0g}{000kcal}$$

・・・・・・・・・・・・・ ［タンパク質］

・・・・・・・・・・・・・ ［カロリー］

Broccoli
ブロッコリー

Seafood
魚介

Sweets
スイーツ

タンパク質とカロリーの表記について

1. レシピ内で「低カロリー甘味料」を使用している場合、この本ではカロリーゼロ、糖類ゼロのタイプを指しています。
　　そのため、この本ではタンパク質とカロリーに「低カロリー甘味料」の数値は含みません。

2. タンパク質とカロリーの値は、レシピに記載のある1人前の分量で計算しています。

鶏むね肉、卵、豆腐、ブロッコリー、魚介
なぜこの5つの食材を選んだのか?

　本書では、鶏むね肉・卵・豆腐・ブロッコリー・魚介のタンパク質を多く含む5つの食材に厳選したメニューを紹介しています。5つの食材に焦点を当てたのは、お手頃にスーパーで購入でき、冷凍可能、または扱いやすい食材であること。健康に気をつけている人たちに、気軽に料理に取り組んでいただき、おいしいごはんを食べてもらいたいという僕の想いからです。近年日本人のタンパク質摂取量は急激に減少しており、全世代において改善が求められています。しかし、タンパク質を多く摂るために食事回数や食べる量が増え、カロリーが高くなるのは逆効果。

　そこで、高タンパク質の食材を、上手に日々の食事に取り入れることができるようにと作ったのが、このレシピBOOKです。本書からメイン料理や副菜を選べば、タンパク質を自然と摂取することができます。年齢を重ねることで起こる筋力低下も、このレシピBOOKがサポートしてくれます。健康でありたいと願う、すべての方に大切なタンパク質。簡単においしく上手に取り入れていきましょう!

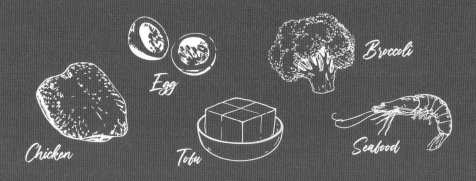

「簡単、毎日続けるため」の本書のこだわり

1. 1つのボウルで計量

材料は1つのボウルに加えて混ぜて、洗い物を増やしません。

2. 材料は「g(グラム)」表記

一気に計量できるからその後の調理もカンタン！

※作りやすさの観点から本数や個数での表記もあります。

3. 油は使わない

扱いやすくコスパも良いフッ素樹脂加工(テフロン加工)のフライパンでOK。

カロリーも抑えられます。

4. 冷凍食品でもOK

野菜などはストックしていつでも使える冷凍食品でも構いません。

※パッケージに「加熱してお召し上がりください」などの注記がある場合は、

電子レンジなどで加熱してからご使用ください。

5. 余り物を活用

レシピにこだわり過ぎず、冷蔵庫にあるものを気軽に代用してください。

6. 調理時間は約15分

手間をかけずに、おいしく高タンパク質な自炊料理が出来上がります。

※下準備や漬ける時間、固める時間は除きます。

Chicken

鶏むね肉

牛肉や豚肉に比べて、脂質が少なく低カロリーな鶏肉。特にささみやむね肉は、高タンパク質でありながら低脂肪・低カロリーでビタミンも多く含む。むね肉は低温調理器を使用してもOKで、簡単に調理できるのも魅力のひとつ。

五香粉で代謝アップ
柔らか鶏むね肉のよだれ鶏

61.6g

859kcal

〔材料（1人分）〕

鶏むね肉…250g　　　　　　　[A]松の実…15g　　　　　[A]五香粉…2g

ねぎ(小ねぎと長ねぎ)…1/2本　[A]ごま油…少々　　　　[A]食べるラー油…1/2瓶(50g)

パクチー…お好み

〔作り方〕

❶ ねぎをみじん切りにしたらボウルに入れ、[A]と混ぜ合わせる。

❷ 下準備の鍋から出し水気を拭き取った鶏むね肉を、食べやすい厚さに切りお皿に盛る。

❸ ①のタレをかけ、お好みでパクチーを添えたら完成。

鶏むね肉の下準備

〔材料〕

長ねぎの青い部分…8g

生姜スライス…3g

水…1000g

〔下準備〕

❶ 鶏むね肉の皮をはぎ取り、脂肪は取りのぞく。

❷ 鍋に水と長ねぎ、生姜スライスを入れて火にかけ、沸騰したら①の鶏むね肉を入れて火を止め15〜20分置く。

❸ フォークなどで刺し、3秒たったら抜き、抜いたフォークが温かくなっていれば火が中まで通っているサイン。

糖質ゼロ麺でヘルシーに
脂肪燃焼ジャージャー麺

72.8g
657kcal

〔材料（1人分）〕

鶏むねひき肉…250g

糖質ゼロ麺…1パック(180g)

長ねぎ…1/2本

豆腐…1パック(150g)

ごま油…少々

にんにくチューブ…20g

甜麺醤（テン メン ジャン）…10g

唐辛子…1本

[A] 低カロリー甘味料…適量

[A] 鶏がらスープの素…3g

[A] 豆板醤（トウ バンジャン）…5g

[A] コチュジャン…7g

[A] 料理酒…100g

[B] 片栗粉…8g

[B] 水…8g

〔作り方〕

❶ 糖質ゼロ麺は水気を切って、電子レンジ600wで1分～1分30秒間温め、器に盛る。長ねぎはみじん切りと白髪ねぎにする。

❷ フライパンにごま油を熱し、にんにくチューブと甜麺醤を香りが立つまで炒める。

❸ 甜麺醤の焦げたような香りがしてきたら鶏むねひき肉を入れ、豆腐を水切りせず手でつぶしながら入れて炒める。

❹ 肉に火が通ったら、[A]とみじん切りにしたねぎを入れて炒める。

❺ いったん火を止め、[B]の水溶き片栗粉をかき混ぜながら入れる。

❻ 再度、火をつけてとろみが出るまで煮込む。

❼ 器に盛り付けた糖質ゼロ麺の上に⑥の肉味噌あんをのせ、輪切りにした唐辛子と白髪ねぎをトッピングしたら完成。

Point

水溶き片栗粉は、すくったときに液がつながる程度のとろみ加減にする。

鶏むね肉×牛肉赤身で筋力向上
チンジャオロース

39.0g

396kcal

〔材料（1人分）〕

鶏むね肉…125g

牛肉赤身…40g

長ねぎ（青の部分）…適量

ピーマン…3個

料理酒…60g

片栗粉…適量

唐辛子…1/2本

[A] 水…80g

[A] 鶏がらスープの素…5g

[A] 醤油…少々

[A] 低カロリー甘味料…2g

[A] にんにくチューブ…2g

[A] ごま油…少々

[A] 生姜チューブ…2g

[B] 片栗粉…8g

[B] 水…8g

〔作り方〕

❶ 鶏むね肉は皮をはぎ取り、薄く切って酒、片栗粉を揉み込む。牛肉赤身も鶏むね肉と同じくらいの大きさに切る。ピーマン、ねぎは3cm程の乱切りに。

❷ フライパンを熱し、鶏むね肉、牛肉を焼く。色が変わってきたらピーマン、ねぎを入れて炒める。

❸ ピーマンに火が通ったら[A]を加えて炒める。[B]の水溶き片栗粉を加えてとろみがつくまで炒める。お皿に盛って、輪切りにした唐辛子をトッピングしたら完成。

Point

牛肉がなく鶏肉だけを使用する場合は、水分量を増やして調理するのがおすすめ（水分量を増やした分、味付けも調整する）。

梅干しで疲労回復
鶏ハムときゅうりの梅和え

59.8g / 341kcal

〔材料（1人分）〕

鶏むね肉…250g　　　　きゅうり…1/2本
長ねぎ…8g　　　　　　胡椒…適量
梅肉チューブ…3g　　　オリーブオイルorごま油…適量
トマト…1/2個

〔作り方〕

❶ 下準備した鶏むね肉を取り出し、水気を拭き取り、薄くスライスして半量をお皿に盛る。薄切りにしたトマトを上にのせる。

❷ 細切りにしたきゅうりと長ねぎの白い部分をボウルに入れ、梅肉チューブを入れて合わせておく。

❸ ①の上に②をのせ、その上に残りの鶏むね肉をバラの花を作るように盛る。仕上げにオリーブオイルまたはごま油をかけ、胡椒をふったら完成。

Point

洋風にしたいならオリーブオイル、中華風ならごま油がおすすめ。オリーブオイルの場合はモッツァレラチーズを入れてもおいしい。

鶏むね肉の下準備

〔材料〕

長ねぎの青い部分…8g　　生姜スライス…3g　　水…1000g

〔下準備〕

❶ 鶏むね肉の皮をはぎ取り、脂肪は取りのぞく。

❷ 鍋に水と長ねぎ、生姜スライスを入れて火にかけ、沸騰したら①の鶏むね肉を入れて火を止め15〜20分置く。

❸ フォークなどで刺し、3秒たったら抜き、抜いたフォークが温かくなっていれば火が中まで通っているサイン。

筋肉がよろこぶレシピBOOK－鶏むね肉

90.0g
907kcal

筋肥大!
鶏むね肉の高タンパク親子丼

［ 材料（1人分）］

鶏むね肉…250g 　　顆粒かつおだし…4g 　　［A］水…80g
卵…4個 　　　　　　ごはん（玄米）…150g 　　［A］めんつゆ…30g
玉ねぎ…1/2個 　　　三つ葉…適量 　　　　　　［A］低カロリー甘味料…適量

［ 作り方 ］

❶ 鶏むね肉は一口大に切り、玉ねぎは薄切りにする。三つ葉は2cmの長さに切る。

❷ フライパンにかつおだし、[A] を入れて煮立てる。①の鶏むね肉、玉ねぎを加えて中火で煮て、卵3個分を溶いて回し入れ、半熟状に煮る。

❸ 器にごはんを盛り、上から②をのせる。生卵1個を割り入れ、三つ葉を飾って完成。

Point

めんつゆの代わりに醤油＆みりんでもよい。米は食物繊維とビタミン、ミネラルを多く含む玄米を使用。

59.4g
587kcal

麹パワーで腸内環境を整える
塩麹マリネの唐揚げ

[材料（1人分）]

鶏むね肉…250g　　　レモン汁…お好み　　　　　　［A］生姜チューブ…2g

片栗粉…適量　　　　　サラダ油（揚げ油用）…適量　　［A］にんにくチューブ…5g

パクチー…お好み　　　［A］塩麹…15g　　　　　　　［A］醤油…5g

[作り方]

❶ 皮をはぎ取り、大きめ（3cm幅以上）に切った鶏むね肉に［A］を揉み込む。

❷ ①に片栗粉をまぶし、180℃に熱した油で揚げる。

❸ 油を切ってお皿に盛り、お好みでパクチーを添えレモン汁をかけたら完成。

Point

鶏むね肉は大きめに切ることで硬くなりにくい。

低脂肪なのに食べ応え抜群
鶏むね肉の大葉風味ハンバーグ

〔材料（1人分）〕

鶏むねひき肉…250g

豆腐…1パック（150g）

大葉…1束

玉ねぎ（半分は生地、半分は付け合わせ）…1個

トマト（付け合わせ）…1/2個

冷凍ブロッコリー（付け合わせ）…3個

［A］ケチャップ…5g

［A］ソース…5g

［A］酢…少々

〔作り方〕

❶ 豆腐、鶏むねひき肉、みじん切りにした玉ねぎ1/2個、千切りにした大葉をボウルに入れ、馴染むまでしっかりとこねる。

❷ ①を楕円形に成形し、フライパンで3〜4分焼く。

❸ 焼き色がついたら裏返し、蓋をして弱火でもう片面も焼く。［A］のタレの材料を混ぜ合わせておく。

❹ 焼けたら一度お皿に移し、玉ねぎ1/2個（皮付き）、くし切りにしたトマト、ブロッコリーを焦げ目がつくまで焼く。玉ねぎ、トマトは皮の面を下にして焼き、お皿に移す。

❺ フライパンの余分な油を拭き取って、［A］を入れて煮詰める。

❻ お皿に⑤のタレを移し、その上にハンバーグと付け合わせの野菜を盛り付けて完成。

Point

絹豆腐を使用する場合はできるだけ水気を切る。

大豆タンパク質で健康維持!
鶏むね肉と納豆キムチのチャンジャ和え

[材料（1人分）]

鶏むね肉…250g　　　　　[A] キムチ…50g

長ねぎ…1/2本　　　　　　[A] チャンジャ…50g

[A] 納豆…1パック（40g）　　[A] ごま油…少々

[作り方]

❶ 下準備をして水気を拭き取り一口サイズに切った鶏むね肉と、[A]を
ボウルに入れ混ぜ合わせる。

❷ 器に盛り、白髪ねぎにした長ねぎを飾って完成。

筋肉がよろこぶレシピBOOK― 鶏むね肉

鶏むね肉の下準備

[材料]

長ねぎの青い部分…8g　　生姜スライス…3g　　水…1000g

[下準備]

❶ 鶏むね肉の皮をはぎ取り、脂肪は取りのぞく。

❷ 鍋に水と長ねぎ、生姜スライスを入れて火にかけ、沸騰し
たら①の鶏むね肉を入れて火を止め15〜20分置く。

❸ フォークなどで刺し、3秒たったら抜き、抜いたフォークが
温かくなっていれば火が中まで通っているサイン。

身体を芯から温める
生姜を使った鶏むね肉の照焼き

61.4g
362kcal

〔材料（1人分）〕

鶏むね肉…250g   [A] 醤油…20g   [A] 塩…2g

小ねぎ…少々   [A] 低カロリー甘味料…18g   [A] 料理酒…50g

[A] 生姜千切り…3g   [A] かつおぶし…1袋（2g）

〔作り方〕

❶ 鶏むね肉は皮をのぞき、厚みが均一に
なるように切る。

❷ フライパンを熱し鶏むね肉を入れる。
蓋をして両面にうすい焼き色がつくま
で焼く。

❸ [A] を合わせ、鶏むね肉に煮絡める。

❹ お皿に盛り、小口に切った小ねぎを飾っ
たら完成。

Point

このタレで煮れば照焼き、鶏肉を漬けて揚げれば唐揚げにも使える万能調味料！

鶏そぼろと牛バラ肉の焼きそば
〜栄養豊富で効能たっぷりなパクチー添え〜

72.6g
―――――
1320kcal

筋肉がよろこぶレシピBOOK－鶏むね肉

〔材料（1人分）〕

鶏むねひき肉…100g　　　　とんかつソース…15g

牛バラ肉…300g　　　　　　ナンプラー…適量

糖質ゼロ麺…1パック(180g)　パクチー…1パック(20g)

野菜ミックス…1パック(240g)　塩胡椒…適量

鶏がらスープの素…3g　　　　レモン汁…少々

〔作り方〕

❶ フライパンを熱し、鶏むねひき肉と牛バラ肉を炒める。糖質ゼロ麺は水気を切って、電子レンジ600Wで1分～1分30秒間温める。

❷ 牛バラ肉に火が通ったら野菜ミックスを入れ、塩胡椒と鶏がらスープの素、とんかつソースで味をつけながら炒める。

❸ 野菜がしんなりしてきたら、糖質ゼロ麺を入れて炒める。

❹ 全体に味が馴染んだらお皿に盛り、ナンプラーを回しかける。

❺ 仕上げにパクチーをたっぷりのせ、レモン汁をかけたら完成。

Point

豚肉よりも牛肉の方が脂質が少ないので牛バラ肉を使うのがおすすめ。糖質ゼロ麺は❶の工程で温めることで時短に。仕上げにナンプラーをかけることでパクチーによく合うタイ風の味になる。

Egg

卵

卵は良質なタンパク質を摂れる食材でありながら、
バランスが非常に良い。食物繊維とビタミンC以外
の栄養素をすべて含んでいる。人間の体内でつく
ることができない必須アミノ酸の組成が優れていて、
栄養価が高い。

バランス良く栄養補給！
卵を味わう天津飯

24.5g

585kcal

〔材料（1人分）〕

卵…3個	長ねぎ…1本	[A] 酢…3g
ごはん（玄米）…150g	[A] 低カロリー甘味料…16g	[B] 片栗粉…8g
水…10g	[A] ケチャップ…20g	[B] 水…8g
ごま油…少々	[A] 鶏がらスープの素…3g	

〔作り方〕

❶ 長ねぎはみじん切りにする。ごはんは温めたものを器に盛り付ける。

❷ ボウルに卵を割り入れ、水を加えて溶きほぐす。

❸ フライパンを熱し、②を半熟状になるまで焼き、ごはんの上にかける。

❹ ③のフライパンに、ごま油を熱し、①の長ねぎと[A]を入れて煮詰める。沸騰したら[B]の水溶き片栗粉を加えてとろみをつける。

❺ 器の上に④をかけたら完成。

筋肉がよろこぶ レシピBOOK－卵

Point

卵を溶くときに水を少し入れるとふわっと仕上がる。

完全栄養食の卵をふんだんに使った
スパニッシュオムレツ

57.0g

641kcal

〔 材料（1人分）〕

卵…5個　　　　　　　　鶏むね肉…100g

玉ねぎ…1/2個　　　　　塩胡椒…適量

パプリカ（赤）…1/2個　　パクチー…お好み

パプリカ（黄）…1/2個　　オリーブオイル…お好み

〔 作り方 〕

❶ 鶏むね肉を一口サイズに切り、種を取ったパプリカと、玉ねぎを
　1cmほどの細切りにする。

❷ フライパンを熱し①を入れ、塩胡椒をして炒める。

❸ ②のフライパンに泡立て器でよく混ぜた卵（半量ずつ）を流し込み、
　全体が固まるまで弱火で火を通す。

❹ フライパンをひっくり返すようにして取り出したら、切って盛り付ける。

❺ 上にお好みでパクチーを飾ってオリーブオイルをかけたら完成。

Point

卵は泡立て器でよく混ぜて、2回に分けて入れる。

筋肉をつくり体脂肪を減らす
アボカドとゆで卵の
タンパク質サラダ

24.7g

387kcal

〔 材料（1人分） 〕

ゆで卵…2個	アボカド…1/2個	［A］塩胡椒…適量
きゅうり…適量	ボイルむきえび…5個	［A］オリーブオイル…3g
チコリー…1個	［A］レモン汁…2g	［A］ポン酢…3g

〔 作り方 〕

❶ ゆで卵を1/4の大きさにカットする。

❷ きゅうりはトッピング用にピーラーでスライスし、残りはサイコロ状に切る。

❸ チコリーは3cm幅程度に切り、トッピング用の葉を何枚か残しておく。

❹ アボカドはサイコロ状に切る。

❺ サイコロ状にしたきゅうりと、切ったチコリー、ボイルむきえび、アボカドを［A］でよく和える。

❻ ⑤を器に盛り、トッピング用に準備していたスライスきゅうり、チコリー、ゆで卵をのせて完成。

Point

アボカド以外の野菜は冷蔵庫にあるものを使用すればOK。ゆで卵はスーパーで購入すると時短。

エネルギーをつくり出す
キャベツと鶏むね肉の最強モダン焼き

〔 材料（1人分）〕

卵…2個

鶏むね肉…250g

キャベツ…1/3個

塩胡椒…適量

お好み焼きソース…お好み

マヨネーズ…お好み

かつおぶし…お好み

青のり…お好み

[A] お好み焼き粉…140g

[A] 水…150g

[A] ベーキングパウダー…4g

〔 作り方 〕

❶ キャベツは粗みじん切りにする。鶏むね肉は3cm幅に切る。

❷ ボウルに卵と [A] を入れ、泡立て器でよく混ぜる。

❸ フライパンを熱し、①を炒め、塩胡椒で味付けする。火が通ったら
　 お皿に盛り、かつおぶしと青のりをお好みでかける。

❹ 空いたフライパンに、②の生地の半量を流し入れ、焼き色がついた
　 ら裏返し、お皿に盛る。残りの半量も同様に。

❺ トッピング用のお好み焼きソース、マヨネーズを用意したら完成。生地
　 に③の具材を挟み、お好みでソース、マヨネーズをかける。

Point
―――――――――――――――――――――――――――――――――

生地にベーキングパウダーを入れることでふわっと仕上がる。

筋肉がよろこぶレシピBOOK－卵

37.7g / 415kcal ※タレを除く
61.2g / 808kcal ※タレを含む

タンパク質が摂れてスタミナがつく麻薬卵

〔材料（1人分）〕

味付き煮卵…5個　　[A]醤油…300g　　　　[A]砂糖…15g
ごま油…お好み　　[A]料理酒…100g　　　[A]にんにくチューブ…5g
長ねぎ…1/2本

〔作り方〕

❶　長ねぎはみじん切りにし、深めの保存容器に[A]とともに入れ、よく混ぜる。

❷　①に市販の味付き煮卵を漬けて、冷蔵庫で一晩寝かせたら完成。お好みでごま油を回しかけて食べても◎。

Point

煮卵はこだわらずに市販のものでOK。

31.3g
431kcal

良質なタンパク質をおいしく摂取
トリュフ風味のスクランブルエッグ

〔 材料（1人分）〕

卵…5個　　　　　胡椒…少々　　　　　［A］トリュフオイル…2g

バター…2g　　　ドライパセリ…お好み　［A］塩…適量

〔 作り方 〕

❶ ボウルに卵を入れて溶きほぐし、［A］を入れて混ぜる。

❷ フライパンにバターを溶かし、①を流し入れて、混ぜながらスクランブルエッグを作る。

❸ お皿に盛り付け、胡椒、お好みでドライパセリをふって完成。

健康&美容につながる
パクチーときゅうりのエスニック卵焼き

〔材料（1人分）〕

卵…5個　　　　　　　パクチー…適量

きゅうり…1/2本　　　［A］ごま油…2g

長ねぎ…1/2本　　　　［A］塩…適量

ごま油…2g　　　　　　［A］水…5g

塩…適量

〔作り方〕

❶ ボウルに卵を割り入れ、［A］を入れて溶きほぐす。

❷ フライパンに①の1/3を流し入れ、焼く。手前に向かって巻き、残りの卵液を流し込みながら焼いていく。

❸ 細切りにした長ねぎときゅうり（半量）をごま油と塩で和える。

❹ お皿に②の卵をのせ、上から③を盛り付ける。

❺ 薄くスライスしたきゅうり（半量）とパクチーを上に飾る。

筋肉がよろこぶレシピBOOK－卵

Tofu

豆腐

タンパク質をはじめ、身体の基礎となるカルシウムや
イソフラボンなどの栄養素を多く含む。水分が多いた
め満腹感も得られ、淡白でありながら栄養不足にも
ならず優秀で、美容にも良い。

豆腐と鶏むね肉で作る
高タンパク麻婆豆腐

筋肉がよろこぶレシピBOOK－豆腐

〔材料（1人分）〕

豆腐…1パック（150g）

鶏むねひき肉…200g

長ねぎ（青の部分は飾りに）…1本

水…120g

ごま油…少々

[A] コチュジャン…7g

[A] 甜麺醤…10g

[A] 豆板醤…5g

[A] にんにくチューブ…4g

[A] 鶏がらスープの素…4g

[A] 醤油…3g

[A] 料理酒…20g

[A] 低カロリー甘味料…18g

[B] 片栗粉…8g

[B] 水…8g

〔作り方〕

❶ 豆腐はキッチンペーパーに包み耐熱ボウルに入れ、ラップをせず600Wの電子レンジで2分程加熱し、水切りをする。粗熱が取れたら、食べやすい大きさに切る。

❷ 中火で熱したフライパンにごま油をひき、みじん切りにした長ねぎ、[A]の調味料、鶏むねひき肉を加え火が通るまで炒める。

❸ 中火のまま②に水を加えて混ぜ、ひと煮立ちしたら弱火にし、[B]の水溶き片栗粉を回し入れ、とろみがつくまで加熱し①を入れて火から下ろす。

❹ 器に盛り付け、飾りに斜め薄切りにした長ねぎをトッピングしたら完成。

Point

鶏むねひき肉は、水分がとぶまで炒める（煎る）。

筋肉がよろこぶレシピBOOK－豆腐

76.4g
651kcal

最強のプロテイン カニカマを使用した
豆腐とカニカマのあんかけかた焼きそば

〔材料（1人分）〕

豆腐…1パック(150g)　　　鶏むね肉…250g　　　　　〔A〕料理酒…20g

かた焼きそば…1個(50g)　　ケチャップ…20g　　　　　〔A〕酢…7g

カニカマ…お好み　　　　　水…80g　　　　　　　　　　〔B〕片栗粉…8g

玉ねぎ…1/2個　　　　　　〔A〕鶏がらスープの素…3g　〔B〕水…8g

白菜…1/6カット　　　　　〔A〕醤油…3g

〔作り方〕

❶ 水に[A]を入れて鍋orフライパンで火
　 にかける。

❷ 細切りにした玉ねぎと3cm程の大きさに
　 切った白菜を入れて煮立たせる。

❸ 煮立ったら下準備した鶏むね肉と、カニ
　 カマを裂いて入れる。

❹ ケチャップで味をととのえる。

❺ 豆腐を一口大に切って入れ、[B]の水溶き
　 片栗粉でとろみをつける。

❻ かた焼きそばを器に盛り、上から⑤のあん
　 をかけて完成。

Point

水溶き片栗粉を混ぜるときは豆腐が崩れないように優しく混ぜる。カニカマはコンビニで手軽に手
に入れられる、高タンパク質、低カロリーの万能食材。

鶏むね肉の下準備

〔材料〕

長ねぎの青い部分…8g
生姜スライス…3g
水…1000g

〔下準備〕

❶ 鶏むね肉の皮をはぎ取り、脂肪は取りのぞく。

❷ 鍋に水と長ねぎ、生姜スライスを入れて火にかけ、沸騰し
　 たら①の鶏むね肉を入れて火を止め15〜20分置く。

❸ フォークなどで刺し、3秒たったら抜き、抜いたフォークが
　 温かくなっていれば火が中まで通っているサイン。

95.9g
968kcal

タンパク質たっぷり
豆腐と鶏むね肉の本格ドライカレー

〔 材料（1人分）〕

豆腐…1パック（150g）　　ごはん（玄米）…150g　　　[A] にんにく…4g

玉ねぎ…1個　　　　　　　低カロリー甘味料…18g　　[A] カレー粉…2g

パプリカ…1個　　　　　　卵…1個　　　　　　　　　[A] 赤ワイン…10g

トマト…1個　　　　　　　パセリ…少々

鶏むねひき肉…300g　　　 ライム（トッピング用）…お好み

〔 作り方 〕

❶ 玉ねぎ、パプリカ、トマトはみじん切りにする。

❷ フライパンに①と鶏むねひき肉を炒め、[A]を加えて味付けする。

❸ ②に豆腐を入れ、ヘラで崩しながら炒め、低カロリー甘味料を入れて味を調整する。

❹ ③のカレーとごはんをそれぞれ器に盛り、目玉焼きにした卵とお好みでライムをごはんの上に、みじん切りにしたパセリをカレーの上にトッピングしたら完成。

39.6g
330kcal

脂肪燃焼！豆腐のスープチゲ

〔材料（1人分）〕

豆腐…1パック（150g）　　水…500g　　　　　　　　　[A] 鶏がらスープの素…3g

鶏むね肉…100g　　　　　　[A] コチュジャン…2g　　　[A] 醤油…少々

長ねぎ…適量　　　　　　　　[A] 甜麺醤…5g　　　　　　[A] 料理酒…少々
　　　　　　　　　　　　　　　　テンメンジャン
にら…1束　　　　　　　　　　[A] 豆板醤…2g　　　　　　[A] 低カロリー甘味料…3g
　　　　　　　　　　　　　　　　トウバンジャン
もやし…1/3パック　　　　　[A] にんにくチューブ…2g　[A] 生姜チューブ…2g

キムチ…適量

〔作り方〕

❶ 豆腐、鶏むね肉、長ねぎ、にらを食べやすい大きさに切る。

❷ 水に [A] を入れて鍋 or フライパンで火にかける。

❸ 沸騰したら豆腐、鶏むね肉、長ねぎ、にら、もやし、キムチを入れ、火が通ったら完成。

Point

発酵が進んで酸っぱくなったキムチも入れてOK。さらにおいしくなる。

バランス良くタンパク摂取！
豆腐とアボカドとえびのヘルシーサラダ

〔 材料（1人分）〕

豆腐…1パック（150g）　　ボイルむきえび…10個

アボカド…1個　　　　　　［A］レモン汁…適量

鶏むね肉…250g　　　　　 ［A］醤油…3g

長ねぎ…1/2本　　　　　　［A］オリーブオイル…少々

〔 作り方 〕

❶ アボカドは種を取り、一口サイズに切る。

❷ 下準備した鶏むね肉、豆腐を一口サイズに切り、長ねぎはななめ薄
切りにする。

❸ ボウルに①②とボイルむきえびを入れ、［A］で和えて完成。

筋肉がよろこぶレシピBOOK－豆腐

鶏むね肉の下準備

〔 材料 〕

長ねぎの青い部分…8g　　　生姜スライス…3g　　　水…1000g

〔 下準備 〕

❶ 鶏むね肉の皮をはぎ取り、脂肪は取りのぞく。

❷ 鍋に水と長ねぎ、生姜スライスを入れて火にかけ、沸騰し
たら①の鶏むね肉を入れて火を止め15〜20分置く。

❸ フォークなどで刺し、3秒たったら抜き、抜いたフォークが
温かくなっていれば火が中まで通っているサイン。

29.6g
574kcal

筋肉を強化する
納豆×豆腐×キムチの炒飯丼

[材料（1人分）]

豆腐…1パック（150g）　　ごはん（玄米）…150g　　[A] オイスターソース…適量

納豆…1パック（40g）　　[A] キムチ…200g　　[A] 鶏がらスープの素…3g

小ねぎ…1/2本

[作り方]

❶ フライパンを熱し、豆腐を入れてヘラで崩しながら炒める。

❷ ごはんを加えてさっと炒め、[A] を入れてさらに炒める。

❸ 器に盛って納豆と輪切りした小ねぎをトッピングしたら完成。

Point

ごはんの量が少ないと食材の味を感じやすい。

19.6g
291kcal

疲労回復効果が期待できる
タイ風揚げ豆腐

〔材料（1人分）〕

厚揚げ…1パック(150g)　　きゅうり…1本　　　[A] ナンプラー…7g

パクチー…適量　　　　　　長ねぎ…1/2本　　　[A] 醤油…3g

トマト…1個

〔作り方〕

❶ フライパンを熱し、食べやすい大きさに切った厚揚げをかるく焦げ目がつくまで焼き、器に盛る。

❷ トマト、きゅうり、長ねぎをみじん切りにし、[A]を合わせて炒めながら絡める。

❸ ①に②を流し込み、パクチーをトッピングしたら完成。

Point

厚揚げは市販の小分けになったタイプを買うと便利。ナンプラーはタウリンを含み、血圧を下げ、精神を安定させ、疲労回復などの効果がある。

Broccoli

ブロッコリー

スーパーで買えて茹でても炒めてもおいしいブロッコリー。タンパク質以外にも食物繊維、ミネラルやビタミン、フィトケミカル※も含んでいる。市販の冷凍のものを使用すると時短になって便利。

※植物に含まれる化学成分。摂取すると身体の抗酸化力、免疫力アップにつながります。

免疫力アップで病気予防
ブロッコリーのにんにく炒め

11.9g
/
105kcal

〔材料（1人分）〕

冷凍ブロッコリー…200g

にんにく…3g

塩胡椒…少々

〔作り方〕

❶ 冷凍ブロッコリーを解凍し、水気を切る。

❷ フライパンを熱し、スライスしたにんにくを炒める。

❸ ②にブロッコリーを入れ、火が通ったら塩胡椒で味付けして完成。

筋肉がよろこぶレシピBOOK－ブロッコリー

Point

冷凍ブロッコリーの水気をしっかり拭き取り、ブロッコリーがボロボロに
ならないように炒める。にんにくはにんにくチューブでもOK。

26.0g
272kcal

低カロリーで低脂質＆低糖質な
カッテージチーズとブロッコリーのサラダ

〔 材料（1人分）〕

冷凍ブロッコリー…200g　　パセリ…少々　　　　　　〔A〕カッテージチーズ…100g
りんご…1/4個　　　　　　塩胡椒…適量　　　　　　〔A〕低カロリー甘味料…2g
サニーレタス…5枚　　　　〔A〕オリーブオイル…少々

〔 作り方 〕

❶ 冷凍ブロッコリーは解凍し、水気を切る。りんごは皮のまま細切り、パセリはみじん切りにする。

❷ 〔A〕をボウルに入れ混ぜたら、①を入れて和える。

❸ 塩胡椒で味をととのえたら、サニーレタスと一緒に盛り付けて完成。

Point

サニーレタスではなく、サラダ菜などでもOK。

22.0g
194kcal

タンパク質もミネラルも豊富な
真ダラとブロッコリーのカレー風味ソテー

〔 材料 （1人分）〕

冷凍ブロッコリー…5個　　パプリカ（黄）…1/2個　　塩胡椒…適量

真ダラ切り身…1人前　　カレー粉…1g　　オリーブオイル…少々

パプリカ（赤）…1/2個

〔 作り方 〕

❶ 真ダラの水気を拭き、3等分に切って、塩胡椒で下味をつけておく。

❷ パプリカは縦に半分に切って種を取ったものを3等分し、さらに一口大に乱切りにする。

❸ 冷凍ブロッコリーと②のパプリカを熱したフライパンで炒め、塩胡椒をふる。

❹ 真ダラをフライパンの空いたところに並べ、上からオリーブオイルを回しかけて両面に火を通す。

❺ カレー粉をかけ、全体がまんべんなく黄色になったら完成。

おいしく糖質カット
ブロッコリーとカリフラワーライスの炒飯

〔材料（1人分）〕

冷凍ブロッコリー…60g
鶏むね肉…250g
冷凍カリフラワーライス…1/2パック（100g）
ごはん（玄米）…100g

唐辛子…1本
卵…2個
小ねぎ…少々
長ねぎ…1/4本

［A］塩…少々
［A］鶏がらスープの素…3g
［A］醤油…2g
［A］にんにくチューブ…2g

〔作り方〕

❶ 下準備した鶏むね肉と解凍したブロッコリーを一口大に、小ねぎは小口切りにする。

❷ フライパンに凍ったままのカリフラワーライスを入れ、パラパラになるまで炒める。

❸ ごはんと①と輪切りにした唐辛子を②のフライパンに加え、一緒に炒める。

❹ ［A］で味をととのえたら、フライパンの空いているところに卵を割り落とし、そのまま焼いて、完全に固まる前に切るようにほぐして他の具材と混ぜる。

❺ お皿に盛り付け、刻んだ長ねぎを上から散らして完成。

Point

炒飯を炒めるときは、菜箸でくるくるとするだけでOK。カリフラワーライスとは、カリフラワーを細かくカットしたヘルシー食品。ごはんの代わりにすると、カロリーや糖質を抑えられる。

鶏むね肉の下準備

〔材料〕

長ねぎの青い部分…8g
生姜スライス…3g
水…1000g

〔下準備〕

❶ 鶏むね肉の皮をはぎ取り、脂肪は取りのぞく。

❷ 鍋に水と長ねぎ、生姜スライスを入れて火にかけ、沸騰したら①の鶏むね肉を入れて火を止め15〜20分置く。

❸ フォークなどで刺し、3秒たったら抜き、抜いたフォークが温かくなっていれば火が中まで通っているサイン。

78.8g
657kcal

12.0g
158kcal

食物繊維や鉄分たっぷり！
ブロッコリーとキクラゲのあんかけ

〔材料（1人分）〕

冷凍ブロッコリー…200g　　　[A] 鶏がらスープの素…3g　　　[B] 片栗粉…8g

キクラゲ…適量　　　　　　　[A] 醤油…2g　　　　　　　　　[B] 水…10g

ごま油…少々　　　　　　　　[A] 料理酒…15g

〔作り方〕

❶ キクラゲをお湯に20分程浸し戻す。

❷ [A] を混ぜて合わせ調味料を作る。

❸ フライパンを熱しキクラゲ、冷凍ブロッコリーの順に入れて炒める。

❹ 全体に火が通ったら②の合わせ調味料を入れ、[B] の水溶き片栗粉を少しずつ入れてとろみがついたら、ごま油をかけて完成。

Point

キクラゲをお湯で戻す際、塩を入れると戻りが早くなる。ごま油はお皿に盛り付けた後でもOK。

16.3g
619kcal

ブロッコリーのベニエ
〜簡単調理でも栄養はそのまま〜

〔材料（1人分）〕

冷凍ブロッコリー…大きめ6個　　　塩…お好み　　　　　　　　［A］ベーキングパウダー…4g

サラダ油（揚げ油用）…適量　　　　山椒…お好み　　　　　　　［A］水…150g

サニーレタス…適量　　　　　　　　［A］薄力小麦粉…100g

〔作り方〕

❶ 冷凍ブロッコリーを解凍し、水気を切る。

❷ ［A］をボウルに入れ、ホットケーキの生地くらいの柔らかさになるまで混ぜる。

❸ ①のブロッコリーに②の衣をたっぷりと絡ませ、熱したサラダ油で揚げる。

❹ サニーレタスと一緒に盛り付けたら完成。お好みで塩や山椒をつけても◎。

Point

生地にベーキングパウダーを入れることで衣がふわっと膨らむ。

13.5g
137kcal

梅肉が身体の疲れを吹き飛ばす!
ブロッコリーときゅうりの梅大葉和え

〔材料(1人分)〕

冷凍ブロッコリー…200g 　　梅干し(はちみつ漬け)…4個 　　[A] 料理酒…10g

きゅうり…1本 　　[A] 梅肉チューブ…2g 　　[A] 低カロリー甘味料…10g

大葉…1束

〔作り方〕

❶ 解凍したブロッコリーは食べやすいサイズに、きゅうりは5mmの薄切にする。

❷ ボウルに①と千切りにした大葉の半量、種を取ってつぶした梅干し、[A] を全部入れよく和える。

❸ 器に盛り付けたら、残りの大葉を上にのせ完成。

Point

きゅうりは乱切りなどでも。切り方はこだわらなくてOK。

12.1g
201kcal

栄養豊富で簡単! ブロッコリーのナムル
～作り置きにもおすすめ～

〔 材料（1人分）〕

冷凍ブロッコリー…200g 　　[A] ごま油…少々 　　[A] 鶏がらスープの素…2g

唐辛子…少々 　　[A] 塩…少々 　　[A] にんにくチューブ…1g

〔 作り方 〕

❶ 冷凍ブロッコリーを解凍し、水気を切る。唐辛子は輪切りにする。

❷ ボウルに①と[A]を入れ、和えたら完成。

Point

一晩置くと味が染み込み、さらにおいしくなる。

Seafood
魚介

お肉に比べ、DHAなどを多く含んでいる。魚のタンパク質には体内の不要な塩分を排出する働きも。魚介は、身体に必要な栄養素を多く含み、生でも焼いてもおいしく調理できる万能食材。

タンパク質豊富な赤身マグロと
とろろのスタミナ丼

38.6g

608kcal

〔材料（1人分）〕

赤身マグロ（刺身）…1パック（100g）　　三つ葉…3枚

ごはん（玄米）…150g　　　　　　　　　［A］山芋とろろ…80g

わさび…お好み　　　　　　　　　　　　［A］醤油…4g

〔作り方〕

❶ ［A］と赤身マグロを混ぜる。

❷ 器にごはんを盛り、①をのせて三つ葉をトッピング、お好みでわさび
を添えて完成。

サバの煮込み
〜体内ではつくれない良質なタンパク質はサバから摂取〜

〔材料（1人分）〕

サバ…半身（2切れ）	長ねぎ…1本	［A］低カロリー甘味料…45g
まいたけ…2個	［A］醤油…15g	［A］料理酒…70g
生姜…1かけ	［A］顆粒かつおだし…3g	［A］水…100g

〔作り方〕

❶ サバの皮目に包丁で×マークに浅く切り込みを入れる。生姜は皮をむいて繊維を断ち切るように薄く切り、ねぎとまいたけを一口大に切る。

❷ 火をつける前の鍋に［A］を入れ、サバと長ねぎ、まいたけ、スライスした生姜を入れ、ひと煮立ちさせる。

❸ ぐつぐつと泡が煮立つ状態を保ちつつ、落とし蓋をしてさらに15分程煮込む（落とし蓋がない場合はアルミホイルでも◎）。

❹ 器に盛り付けたら完成。

Point

サバは湯通しすると臭みが抜けておいしくなる。

74.5g

570kcal

筋肉がよろこぶレシピBOOK — 魚介

27.3g
217kcal

健康な身体をつくる栄養素満点
ホタテときゅうりのチャンジャ和え

〔 材料 (1人分) 〕

ホタテむき身…5個程度　　　きゅうり…1/2本

チャンジャ…50g　　　　　　ごま油…5g

〔 作り方 〕

❶ フライパンにごま油を入れて中火で熱し、ホタテを焼く。焼き色がついたらひっくり返して、両面焼く。

❷ きゅうりは食べやすい大きさに薄く切る。

❸ ホタテ、きゅうりとチャンジャを和えて、器に盛ったら完成。

Point

ホタテは刺身用を使用するなら生でもOK。

28.9g
403kcal

高タンパクコンビ
えびとアボカドの和風味噌和え

〔 材料（1人分）〕

ボイルむきえび…5個程度　　　大葉…1束　　　　　　［A］低カロリー甘味料…10g

アボカド…1個　　　　　　　　水…お好み　　　　　　［A］白ごま…少々

かつおぶし…1パック（2g）　　［A］味噌…5g

〔 作り方 〕

❶ アボカドを食べやすいサイズに、大葉は千切りに切る。

❷ ［A］を混ぜ、①とボイルむきえびと和える（お好みで水で調整してもOK）。

❸ トッピングにかつおぶしをのせたら完成。

30.4g
507kcal

美容や健康のための栄養素
鉄分補給ができるカツオと三つ葉丼

〔材料（1人分）〕

カツオ（たたき・刺身）…1パック（100g） 三つ葉…1/2束 ［A］みりん…20g

ごはん（玄米）…150g わさび…少々 ［A］料理酒…20g

長ねぎ…1/2本 ［A］醤油…3g ［A］生姜チューブ…2g

〔作り方〕

❶ 三つ葉は根元を切り落とし、食べやすい大きさに切る。

❷ バットに［A］を入れて混ぜ合わせ、カツオを入れ置く。

❸ 器にごはんを盛り②をのせて、刻んだねぎ、三つ葉やわさびをトッピングしたら完成。

Point

カツオは赤身が多いものの方がタンパク質が摂れる。

免疫力向上や老化防止に！
マグロのカルパッチョ

〔 材料（1人分）〕

赤身マグロ（刺身用）…1パック(100g) 生姜…3g

小ねぎ…1/3本 ［A］オリーブオイル…少々

オレンジ…1/2個 ［A］レモン汁…少々

塩胡椒…適量

〔 作り方 〕

❶ ［A］の材料を合わせておく。

❷ 赤身マグロを薄切りにして、その上に小さく切ったオレンジと小口切りにした小ねぎを散らす。

❸ 塩胡椒、千切りにした生姜をふりかけ、①のカルパッチョソースをかけたら完成。

筋肉がよろこぶレシピBOOK－魚介

中性脂肪を減らしてくれる
ツナと玉ねぎのサラダ

29.9g
─────
423kcal

〔 材料（1人分）〕

ツナ缶（ノンオイル）…1缶（70g）　　ピンクロッサー…1/2束　　　　　〔A〕ターメリック…2g

トマト…1/2個　　　　　　　　　　　サニーレタス…1/4個　　　　　　〔A〕レモン汁…1/2個分

玉ねぎ…1/4個　　　　　　　　　　　ライム（トッピング用）…お好み　〔A〕胡椒…少々

きゅうり…1/2本　　　　　　　　　　〔A〕カッテージチーズ…100g

アボカド…1/2個　　　　　　　　　　〔A〕オリーブオイル…少々

〔 作り方 〕

❶ トマト、玉ねぎ、きゅうり、アボカドを角切りにする。

❷ ①とツナと〔A〕を入れて和える。

❸ 器にサニーレタス、ピンクロッサーを敷き、②を盛り付けてお好みでスライスしたライムをトッピ
　 ングしたら完成。

Point
───

サニーレタスに限らず、葉っぱはお好みでOK。ツナは血液中の中性脂肪を減らすEPAを含む。

Sweets
スイーツ

身体づくりやダイエットをするとき、避けられがちな糖質。でもエネルギーのためには必要な栄養素。プロテイン入りのパウダーやヨーグルトを取り入れることで、タンパク質も上手に摂取。

筋肉量アップ!
プロテインバナナパンケーキ

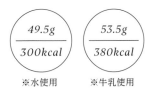

<table>
<tr><td>49.5g
───
300kcal</td><td>53.5g
───
380kcal</td></tr>
<tr><td>※水使用</td><td>※牛乳使用</td></tr>
</table>

〔材料（1人分）〕

マスカルポーネ…50g　　　　［A］バニラエッセンス…1g

バナナ…1本　　　　　　　　［A］プロテインパンケーキミックス…60g

はちみつ…お好み　　　　　　［A］水 or 牛乳…120g

［A］卵…1個　　　　　　　　※カロリー、タンパク質量が変わります。

〔作り方〕

❶ ボウルに［A］を入れ、泡立て器でよく混ぜる。

❷ 弱火でフライパンを熱してから、お玉1杯分程度の①を流し込む。

❸ 1分程度でプツプツと生地に気泡が浮き出てきたら、フライパンを斜めに動かして生地がダレないかチェックし裏返す。

❹ 裏返してから30秒程度でふわっと膨らむので、焼き加減を確かめてお皿に盛る。同様にもう1枚焼く。

❺ カットしたバナナを添え、マスカルポーネ、はちみつをトッピングしたら完成。

Point

バナナは皮を片面だけむき、残った皮に縦に切り込みを入れ、カゴのような形にして盛り付けると華やかに。

強い骨をつくる
チョコソースのフルーツ盛り

24.5g / 374kcal

〔 材料（1人分）〕

オレンジ…1/2個　　　　　［A］ホエイプロテインパウダー（チョコ味）…30g

マスカット…10粒　　　　　［A］マスカルポーネ…50g（お好みでトッピング用に取っておく）

イチジク…1個　　　　　　［A］ラム酒…キャップ1杯

りんご…1/4個　　　　　　［A］水…少々

〔 作り方 〕

❶ ［A］を混ぜ、チョコソースを作る。

❷ オレンジ、マスカット、イチジク、りんご
　 は食べやすい大きさに切る。

❸ ①に②の半量を混ぜ合わせ器に盛る。

❹ ③に②の残りのフルーツをのせ、お好み
　 でマスカルポーネをトッピングしたら完成。

筋肉がよろこぶレシピBOOK − スイーツ

Point

ソイプロテインだと舌触りが良くならないのでホエイプロテインを使うのがコツ。りんごは木の葉
切り（芯を切り 1/4 にカット。5mm 幅で中心に向かって V 字に切り込む）にすると見栄えも◎。

食物繊維豊富な
ミックスベリーのゼリーよせ風

11.3g
318kcal

〔材料（1人分）〕

ビスケット…1枚　　　　　冷凍ベリーミックス…お好み　　　[A] マスカルポーネ…50g

生クリーム…10g　　　　　粉糖…少々　　　　　　　　　　[A] 低カロリー甘味料…18g

いちごジャム…5g　　　　 [A] プロテインヨーグルト…15g　[A] 塩…1つまみ

レモン汁…1/2個分　　　　[A] カッテージチーズ…50g

〔作り方〕

❶ ビスケットを食品保存用のポリ袋などに入れて棒などで砕く。

❷ ミキサーに［A］と鍋で温めた生クリームを入れてよく混ぜたあと、レモン汁で味をととのえる。

❸ グラスに①を入れ、その上から②の半量、いちごジャム、残りの②の順で重ねる。

❹ 冷凍ベリーミックスをお好みで上にのせる。

❺ 粉糖をふりかけて完成。

Point

カロリーを抑えたければ、マスカルポーネを減らしてカッテージチーズを多めに。

カッテージチーズとマスカルポーネ
2種類のチーズで作る糖質オフマリトッツォ

〔材料（1人分）〕

糖質オフのパン…1個　　　　　［A］マスカルポーネ…100g　　　［A］ラム酒…キャップ1杯

［A］カッテージチーズ…50g　　［A］低カロリー甘味料…20g　　　［A］はちみつ…適量

〔作り方〕

❶ ボウルに［A］を入れ、泡立て器でよく混ぜる。

❷ 糖質オフのパンに切り込みを入れ、①をたっぷりと入れ込んだら完成。

Point
_____

はちみつに代えて、カロリーゼロのメープルシロップタイプだとなお良し。

筋肉がよろこぶ レシピBOOK－ スイーツ

低糖質で高タンパク！
ダイエット中も嬉しい
プロテインチーズケーキ

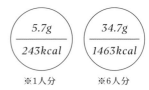

5.7g	34.7g
243kcal	1463kcal
※1人分	※6人分

〔 材料（6人分）〕

ビスケット…5枚　　　　　[A] プロテインヨーグルト…30g

生クリーム…20g　　　　　[A] カッテージチーズ…50g

レモン汁…1/2個分　　　　[A] マスカルポーネ…150g

バター…3g　　　　　　　[A] クリームチーズ…200g

ゼラチン…2g　　　　　　[A] 低カロリー甘味料…20g

粉糖…少々　　　　　　　[A] 塩…1つまみ

〔 作り方 〕

❶ ビスケットを食品保存用のポリ袋などに入れて棒などで砕く。砕いたビスケットをボウルに入れ、電子レンジで溶かしたバターを入れて馴染ませておく。

❷ ミキサーに[A]と鍋で温めた生クリーム、ゼラチンを入れてよく混ぜたあと、レモン汁を加え味をととのえる。

❸ ①をケーキの角型に入れ、底に敷きつめる。

❹ ③の上に、②のチーズソースを流し込み、冷蔵庫で冷やして固める。

❺ 上から粉糖をふりかけて完成。

筋肉がよろこぶレシピBOOK－スイーツ

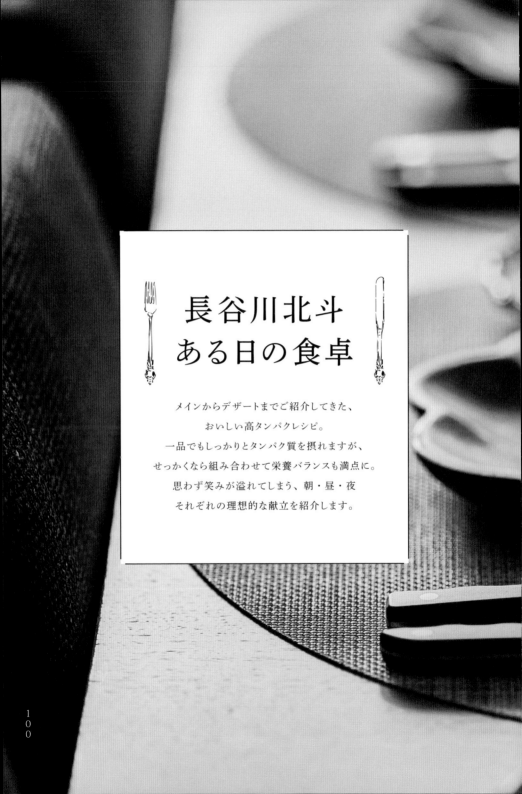

長谷川北斗
ある日の食卓

メインからデザートまでご紹介してきた、
おいしい高タンパクレシピ。
一品でもしっかりとタンパク質を摂れますが、
せっかくなら組み合わせて栄養バランスも満点に。
思わず笑みが溢れてしまう、朝・昼・夜
それぞれの理想的な献立を紹介します。

Morning Menu

筋肉をつくり体脂肪を減らすアボカドとゆで卵のタンパク質サラダ (p.40) / タンパク質豊富な赤身マグロととろろのスタミナ丼 (p.76)/ 筋肉量アップ！プロテインバナナパンケーキ (p.90)

Lunch Menu A

五香粉で代謝アップ 柔らか鶏むね肉のよだれ鶏（p.14）/ 糖質ゼロ麺でヘルシーに 脂肪燃焼ジャージャー麺（p.18）/ ブロッコリーのベニエ 〜簡単調理でも栄養はそのまま〜（p.71）

Lunch Menu B

タンパク質たっぷり 豆腐と鶏むね肉の本格ドライカ
レー（p.56）/ 免疫力アップで病気予防 ブロッコリー
のにんにく炒め（p.64）

Lunch Menu C

筋肥大！鶏むね肉の高タンパク親子丼（p.24）/ 疲労
回復効果が期待できる タイ風揚げ豆腐（p.61）/ 栄
養豊富で簡単！ブロッコリーのナムル〜作り置きにも
おすすめ〜（p.73）

Dinner Menu A

低カロリーで低脂質＆低糖質なカッテージチーズとブロッコリーのサラダ（p.66）／ 美容や健康のための栄養素 鉄分補給ができるカツオと三つ葉丼（p.82）／ 強い骨をつくる チョコソースのフルーツ盛り（p.92）

Dinner Menu B

鶏そぼろと牛バラ肉の焼きそば 〜栄養豊富で効能
たっぷりなパクチー添え〜（p.32）/ 中性脂肪を減ら
してくれるツナと玉ねぎのサラダ（p.86）

筋肉がよろこぶ レシピBOOK ― 長谷川北斗 ある日の食卓

Dinner Menu C

食物繊維や鉄分たっぷり！ ブロッコリーとキクラゲのあんかけ（p.70）/ サバの煮込み〜体内ではつくれない良質なタンパク質はサバから摂取〜（p.78）/ 免疫力向上や老化防止に！ マグロのカルパッチョ（p.84）

Special Interview

プライベートで足繁く通う「グルマンディーズ」常連客の一人、
タレントの武井壮さんをお招きしたスペシャルインタビュー。
タンパク質をおいしく摂れる特製唐揚げをお供に語っていただきました。
共通して筋肉や健康へのこだわりが強い彼らから上がる話題といえば……。

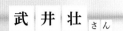

武 井 壮 さん ✕ 長 谷 川 北 斗

「グルマンディーズ」のサラダは
幻の味だと思ってる

武井　共通の友達がいて、5〜6年前くらいにごはんを食べる会で会ったんですよね？

長谷川　そうです。一番最初は。武井さんが西麻布あたりによくいる、とおっしゃったので、僕は西麻布でお店をやってるんです、という話になり、その後お店に来ていただけるようになったんですよね。

武井　最初は2〜3回くらいポンポンと予約がとれたんだけど、ここ数年は本当に予約がとれなくて行けてないよね。

長谷川　「予約とれないなら縁を切る」みたいなことを、メールで遠回しに言われたことがありますね（笑）。相当な回数のご予約メールをいただいていたのにお断りしていたので……そう言われてもおかしくはない（笑）。

武井　そんなつもりじゃないんだけど、本当に30回くらい連続で断られて（笑）。最近は無理なんだろうなって思ってるけど一応聞いてる感じです。北斗君のお店はサラダがすごくおいしくて、その味を覚えているんですよ、すごく。運動した後とか、「栄養素を補いたい！酸味が欲しい！」というときに食べたくなるんです。柑橘系で、爽やかな感じの味のサラダなんだよね。どんなに疲れていても食える味。

長谷川　具材をたくさん使った、オレンジやグレープフルーツのドレッシングのサラダです。このサラダは、他のお客様にもおいしいって言っていただくことが多いですね。

武井　僕は本当にサラダだけでもいいって感じなんですよ。端っこの席でサラダ一皿頼んでパッて食って帰りたいぐらいなんだけど、なかなか食えないから幻の味だと思ってる（笑）。崖の上にあって、登ってみたらたまに生えている幻の植物みたいな。

長谷川　いろんな国の、味のある葉っぱを使ってるんです。三つ葉とかシソとかミョウガみたいな和のハーブと、パクチー、バジル、クレソン、ルッコラとか。国は全然違うけど、味の立ち位置が似たような葉っぱを集めてひとつにしたサラダなんです。

武井　だから多分、僕がおいしいって思うのは、その贅沢さなんですよね。自然界だと物理的に一箇所に集まることはないような植物が全部入ってるってことでしょ。すごく豊かだよね。

長谷川　いろんな味がするんですけど、調和はとれるんですよね。お店で出しているそのサラダではないのですが、この本にもサラダのレシピがいくつも載っているので、ぜひ作ってみてほしいです。

武井　お店の予約はほぼとれないから、これからこの本に頼ることになるね（笑）。

長谷川　今回は普段、僕が食べている高タンパク質のメニューを紹介する本なんですが、武井さんは普段、身体づくりのために食事に気をつ

足りないところに必要なものをぶち込むのが、本来一番美味いよね

けたりすることはあるんですか？

武井 一切ないですね。先に動いて、動いた内容によって食うものを決める感じ。

長谷川 摂取した以上に消費するっていう感じですか？

武井 サイクル的には逆で、消費してから食ってる。動いてマイナスにして、食ってゼロに戻すのを繰り返してるから太らない。みんな朝昼晩って時間を決めて食っちゃうから、何も消費してないまま食事になっちゃうじゃないですか。僕は何も動かなかったら、昼飯の時間でも食わないんだよね。動かなかったら、エネルギーはいらないから。逆にトレーニングをしたり、仕事をいっぱいこなした後はエネルギーが足りないから、自然と食うよね。だから食べる時間も決めてなくて、夜でも、走ったりした後は食べるし、今食べたいと思ったタイミングで食べた

いと思ったものを食べてる。

長谷川 休みの日で、何もエネルギーを消費する予定がないときは食べたくならないってことですか？

武井 何にもしていなかったら食べたいともあんまり思わないね。でも何にもしていないってことがまずないかな。部屋にいたら素振りするし、自転車のマシンが置いてあるから、ぶっ倒れるまで漕いで、あー飯食いてえってなることが多い。身体を動かしたら、食いたいものが自然に浮かんでくるんですよ。なので、俺の身体に必要なものが摂れる場所を探して、動物みたいに麻布付近をフラフラ歩き回ってるんです。

長谷川 油を摂らないボディビルダーって、ジャンクフードを食べたくなることが多いそうですが、あれって多分、身体が感覚的に欲しているんだと思うんですよね。武井さんはそれを自然

とやっているってことですね。

武井　現代人は味にすごく支配されちゃっているけど、味よりも前に、身体が求めてるものってあるはずでしょ。昔ジャングルでサバイバルをしたときとか、何も食うものがなくて、蛇を見つけて捌いて食べたらめっちゃおいしかったんですよ、味付けもないのに。

長谷川　生ですか？

武井　焼いて、串刺しにして、ぶつ切りにして。多分、今食ったらまずいんだろうけど、でも何も食えずに朦朧としているときに食べたらめちゃくちゃ美味かったんだよね。本来は、それが一番美味い食い方だと思うんですよ。足りないところに必要なものをぶち込むっていうのが。現代人は、基本的に食べ過ぎてるから、本当に美味いものが分からなくなってるよね。現代は体力もそんなに使わないので。現代の人間が考え

る「美味い」って、もうそれとは別次元になっちゃってるけど、僕はいつも動物的な「美味い」感覚も感じてるから、「グルマンディーズ」みたいなどっちの感覚も満たしてくれて、美味いと思える料理ってスペシャルなものだと思うんですよ。だから予約とれないけど、むしろたまにでもいいやって思えるよね。やっぱり、崖の上にたまに生えてる幻の植物みたいだよ。だから食事制限は僕はしないけど、「グルマンディーズ」のベースになっている考え方を理解できて、ちょっと真似ができそうなこの本は読んでみたくなりますね。

長谷川　武井さんはお料理されるんですか？

武井　たまにしますね。貰いものが多いから、それを使い切るにはこれを作ろうって感じで、あるもので作っているだけですけどね。

長谷川　僕もこのメニューのためだけに特別な

身体づくりを頑張りたいけど、そんなに
ストイックには頑張れない人向けのレシピです

材料や調味料を買わなきゃいけない、みたいなのが嫌なので、家では冷蔵庫に常にある食材で簡単な料理をするようにしてます。この本は僕が普段食べてるメニューのレシピなので、使う食材はほとんど同じなのですが、味と調理方法を変えて、いろんな味が楽しめるような提案になってます。武井さんみたいに、使ったエネルギーと摂取カロリーとのバランスを考えている人にとっては必要ないかもしれないですけど（笑）、普段から食べ過ぎているような一般的な方で、それでもちょっと痩せたい人にはおすすめできるレシピになったんじゃないかなと。

武井 しかもちゃんと美味いもんね。今日作ってくれた唐揚げも、肉の脂身が少なくてさっぱりとした感じなんだけど、しっかり衣もあって下味がついてておいしかったです。本気でトレーニングで消費してなくても、罪悪感なく食える唐揚げだよね。番組収録2本分消費すれば食える（笑）。

長谷川 身体づくりを頑張りたいけど、そんなにストイックには頑張れない人は多いので、そういう人たち向けです。そこまで頑張らなくても、

食事を変えれば今より少しは体型を改善できま
すよっていうメニュー。 あとは、両極端なんで
すけど、本気でトレーニングする人は逆にエネ
ルギー摂取だけが目的の料理を食べるようにな
りがちじゃないですか。ボイルした鶏むね肉と
ブロッコリーのみ、みたいな。それ自体を否定す
るわけじゃないんですけど、そういう食事を毎日
続けるとやっぱり飽きると思うので、高タンパク
質はキープしつつおいしいものって食べられるん
だよ、っていう提案ができたらいいなって。

武井 北斗くんは人気店のシェフだからってひ
けらかす感じはないけど、僕が今もアスリート
時代と変わらずトレーニングを続けているよう
に、ずっと食の道を極めるために努力してる人
だから、「どうですか僕の味」って自負すると
ころはあると思うんですよ。僕らが大会とかで
結果を見せるのと同じように、お店がその力を
見せる場所なんで。だから、全然予約とれない
けど（笑）、今まで北斗くんが培ってきたものを
こういう本でお裾分けしてもらえるんだと思う
と、きっといろんな人の役に立つだろうし、ハッ
ピーなものを生んでくれると思いますね。

武井壮
たけい・そう／元陸上競技選手で、引退後はタレントとして活動。あらゆるスポーツを武器としてメディアを中心に活躍
しながら、日本フェンシング協会会長も務めた。職業（肩書）は「百獣の王」、住所は「地球」、趣味・特技は「成長」。

長谷川北斗の
5rules

近道せず、小さな積み重ねを大切に

長距離のランニングや時間をかけた筋力トレーニングは、一日できたとしても慣れていない人が毎日継続することは難しい。生活も料理も、続けられる小さなステップをひとつずつ大事にしていくことが重要です。気持ちのいい生活は、おいしい料理を作るきっかけにもなり得ます。早寝早起きや部屋の整理整頓など、ここに挙げる5つのルールは、一見、料理と関係がないようですが、実はきちんとした食生活をする上で緩やかにつながっているのです。

早寝早起き

　仕事は夜型ですが、早寝早起きを意識的
に行っています。必ず5時間は睡眠をとり、筋
トレに行くようにしています。営業後は飲みの
お誘いをいただくこともありますが、すぐに帰
宅して夕飯を食べてお風呂に入ります。その
後はストレッチを30分。パックをしたり保湿ク
リームを塗ったりと、美容も欠かせません。寝
る前にはプロテインを飲み、朝は7時に起きて
ジムに行くというこのルーティーン、今では当た
り前にこなしていますが、元々は早寝早起きが
得意なタイプではありませんでした。出会う人
たちから刺激を受け、自分のライフスタイルを
見つめ直し、だんだんと変化し、毎日その生
活を守ることでそれが当たり前となる頃、また
別の人から影響を受け、ということを繰り返し、
今のリズムへと変化したのです。ルーティーン
が毎日の生活リズムを整え、日々の仕事へ冴え
た頭と心で向かうことができます。

部屋の整理整頓

　料理と関係がないように見えるこのルール
も、僕にとってはおいしい料理を作るための大
事なポイントです。日々の生活習慣は料理に関
わってきます。だらしない生活をしていると、ど
んなことも面倒になりアクティブな姿勢ではいら
れないんです。きれいに部屋を整えることで、
よし運動をしよう、おいしいものを作ろうという
気持ちが生まれます。最初は帰宅したらきれい
に靴を並べるだけでいいんです。そのうち週に
1回は大掃除をするなど、だんだんと掃除への
姿勢が出来上がり、整理できていないことが気
になっていきます。歩くときなんかもそう。普段
から歩くときに姿勢や腕の振り方を意識しなが
ら歩いていると、周りの人の歩き方が気になっ
てくるんです。難しいことは何もしていません。
生活の中での少しの意識が思考回路をコント
ロールし、無意識に日々の生活の質に影響して
いくんです。

筋肉がよろこぶレシピBOOK -5rules

脂質をできるだけ控える

　筋トレを始めたばかりの頃は、食べるもの
に関係なく筋肉がついたのですが、ある時点
から身体の変化が止まり食事を見直しました。
まずは健康な食事を心がけるために自炊を始
め、結果的に糖質や脂質を制限することにしま
した。糖質を避ける人は多いですが、脂質を
避けることが僕は大事だと考えています。糖は
エネルギーに変わりますからね。例えばスイー
ツも、僕はフランス料理を専攻していたこともあり、
西洋菓子のミルフィーユやタルト、シューク
リームなどバターと生クリームたっぷりなものが
好きでしたが、できるだけ和菓子を選んでいま
す。和菓子は米や野菜に砂糖を加えたものな
ので、僕は甘いものが食べたいときはみたらし
団子を食べるようにしています。少しの努力で
スイーツを食べても太らないように気をつけて
います。使用する油も、アマニオイルやココナッ
ツオイルなどの健康に良い上質な自然の油を
使用するようにしています。

できるだけ自炊

　一からすべて行うことが面倒なら調理器や冷
凍のものに少し頼ってもいいと思います。今回
のレシピでも多く使うブロッコリーなどは、絶対
に生のものを！というわけではありません。冷凍
の野菜を使うことも全然大丈夫です。ただ使用
するときに水気を切らないと、霜が溶けてボロ
ボロになってしまうのでそこだけは注意です。手
のひらでぎゅっと握るだけでも、手の温もりで水
気は切れます。鶏むね肉をおいしく簡単に食べ
る方法としては低温調理器を使うのも◎。火を
使わず安全に自動で調理してくれるので、仕事
や家事などで忙しい人にもおすすめです。いろ
んなやり方で簡単な調理方法を駆使しても料
理をすることを億劫に感じてしまう人もいると思
います。それでも続ける方法はどれだけ真剣に
料理を好きになれるかどうか。こればかりはそ
の人次第。だからこの本を読んで、カロリーや
身体のことを考えて健康的かつおいしくするに
はどうするか、料理をしてみようと思えるきっか
けになればうれしいです。

#05

続けられるおいしさに
こだわる

　レシピをおいしく作るポイントを聞かれても、本音を言えば、そんなものはないです。有名で実力のあるプロ野球選手のポイントを真似ることってできませんよね。それは彼が必死にずっと今までやり続けた成果だから。フルマラソンを完走するためにいきなり長距離の練習をしたら倒れてしまいますよね。走り切るために、短い距離から走り始め、だんだん距離を延ばしていくはずです。今回のメニューは、「ずっと続けてください」ということが目的です。継続することでご自身が住んでいる家の火力や器具を使いこなしているうちに改善点が自分で分かってくる。そして、「この間は鶏肉が硬くなっちゃったよな。今回はこうしてみようかな?」とか「ああしてみようかな?」という工夫が生まれる。このレシピはあくまでベースで、自分でおいしく作り変えてほしいです。何度も挑戦し、経験を積んでいき、自分で考えながら作り続けていくことが大事です。

Afterword

　以前の僕は、家ではひとりだったので、高タンパク質な食材を摂るためだけの栄養補給みたいな食事でした。ところが、パートナーと一緒に住み始めてから一変しました。僕のタンパク質中心の無機質な料理を一緒に食べてもらうことに躊躇していたところ、彼女の方から「同じメニューでいいよ」と言ってもらえて。それだけ寄り添ってくれるんだったら、しっかりタンパク質も摂れて、その上おいしい料理を作ってあげたいという、僕のパートナーへの個人的な想いからこの本は始まりました。

　この本には「ずっと作り続けてください」というメッセージを込めて作りました。みなさんの「おいしい」を見つけるために、アレンジを加えて自分の料理に変えていっていただきたいです。このレシピは、始めるためのきっかけ、そして続けるためのベースとして考えてください。筋トレも同じですが、料理の上達に近道はないと思います。こつこつと経験値を積んでいくことが大事。これがおいしく作るための一番のポイントかもしれません。

　この本のレシピが、ワークアウトやダイエットしている方だけでなく、健康でありたいと願うすべての方々の身体づくりのお役に立てればうれしいです。手に取ってくださったみなさんの健康と幸せを心から願って。

Roaster Label

Editor in Chief
Akiji Osaki (Roaster)

Director of Photography
Momo Akagi (Roaster)

Photographer
Masahiro Tamura
Yui Fujii [p.4,p.125]

Prop Stylist
CIRCUS INC.

Art Director
Kaho Maekawa (Roaster)

Designer
Yuna Tanimizu (Roaster)

Proofreading
SHUCHINSHA Co., Ltd.

Editor
Chihiro Nakamura (Roaster)
Shiho Okura (Roaster)

『Roaster Label』は
株式会社ロースターの書籍レーベルです。
最新情報はこちら

制作・プロデュース　株式会社ロースター

〒162-0052
東京都新宿区戸山1-11-10　Rビル2F
TEL：03-5738-7390
URL：https://roaster.co.jp/

筋肉がよろこぶレシピBOOK

発行日　2024 年 1 月22日　第 1 刷

著者	**長谷川 北斗**
編集統括	柿内尚文
営業統括	丸山敏生
営業推進	増尾友裕、綱脇愛、桐山敦子、相澤いづみ、寺内未来子
販売促進	池田孝一郎、石井耕平、熊切絵理、菊山清佳、山口瑞穂、 吉村寿美子、矢橋寛子、遠藤真知子、森田真紀、 氏家和佳子
プロモーション	山田美恵
講演・マネジメント事業	斎藤和佳、志水公美
編集	小林英史、栗田亘、村上芳子、大住兼正、菊地貴広、 山田吉之、福田麻衣、大西志帆
メディア開発	池田剛、中山景、中村悟志、長野太介、入江翔子
管理部	早坂裕子、生越こずえ、本間美咲
マネジメント	坂下毅
発行人	高橋克佳

発行所　株式会社アスコム

〒105-0003
東京都港区西新橋2-23-1　3東洋海事ビル
編集局　TEL：03-5425-6627
営業局　TEL：03-5425-6626　FAX：03-5425-6770

印刷・製本　株式会社光邦

ⒸHokuto Hasegawa　株式会社アスコム　株式会社ロースター
Printed in Japan ISBN 978-4-7762-1324-6